Impressum
Verlag: BABADADA GmbH, Nedderfeld 112 , 22529 Hamburg
Geschäftsführer / Verlagsleitung: Harald Hof
Druck: Books on Demand GmbH, In de Tarpen 42, 22848 Norderstedt

Imprint
Publisher: BABADADA GmbH, Nedderfeld 112 , 22529 Hamburg, Germany
Managing Director / Publishing direction: Harald Hof
Print: Books on Demand GmbH, In de Tarpen 42, 22848 Norderstedt

school
məktəb

klaslokaal
sinif otağı

delen
bölmək

186/2

bord
yazı taxtası

leerkracht
müəllim

speelplaats
məktəb həyəti

papier
kağız

schrijven
yazmaq

pen
qələm

bureau
iş masası

liniaal
xətkeş

boek
kitab

leerling
şagird

schooltas
məktəbli çantası

pennenzak
karandaş qabı

potlood
karandaş

puntenslijper
karandaş yonan

gom
pozan

tekenblok
rəsm albomu

2

school - məktəb

tekening

rəsm

verfborstel

boya fırçası

verfdoos

boya qutusu

schaar

qayçı

lijm

yapışdırıcı

werkboek

dəftər

huiswerk

ev tapşırığı

nummer

say

optellen

əlavə etmək

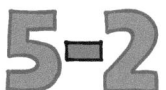

aftrekken

çıxmaq

vermenigvuldigen

vurmaq

rekenen

hesablamaq

letter

hərf

alfabet

əlifba

woord

söz

tekst

mətn

Lezen

oxumaq

krijt

tabaşir

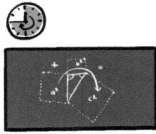

les

dərs

klassenboek

sinif jurnalı

examen

imtahan

certificaat

təhsil haqqında sənəd

schooluniform

məktəb uniforması

onderwijs

təhsil

encyclopedie

ensiklopediya

universiteit

universitet

microscoop

mikroskop

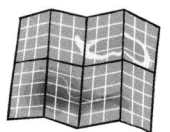

kaart

xəritə

papiermand

zibil qutusu

reis

səyahət

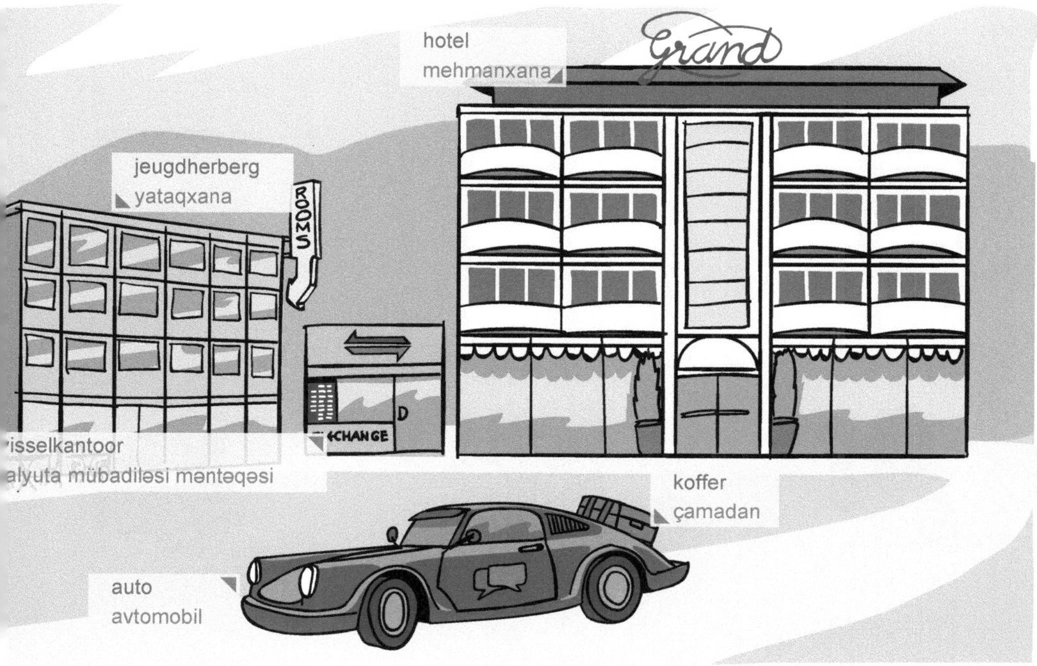
hotel
mehmanxana
Grand
jeugdherberg
yataqxana
ROOMS
EXCHANGE
'isselkantoor
alyuta mübadiləsi məntəqəsi
koffer
çamadan
auto
avtomobil

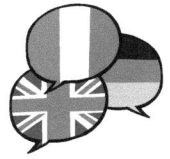

Taal

dil

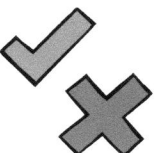

ja / nee

bəli/xeyr

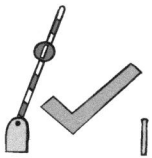

oké

oldu

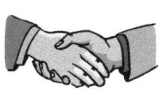

hallo

salam

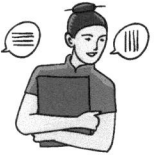

vertaler

tərcüməçi

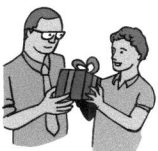

bedankt

Təşəkkür edirəm

Hoeveel kost …?

giyməti nə qədərdir …?

Ik begrijp het niet

mən başa düşmürəm

probleem

problem

Goedenavond!

Axşamınız xeyir!

Goedemorgen!

Sabahınız xeyir!

Goedenavond!

Gecəniz xeyrə galsin!

Tot ziens

hələlik

richting

istiqamət

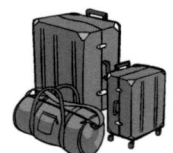

bagage

baqaj

zak

torba

rugzak

kürək çantası

gast

qonaq

kamer

otaq

slaapzak

yataq-çuval

tent

çadır

toeristeninformatie

turistlər üçün məlumat

strand

çimərlik

kredietkaart

kredit kartı

ontbijt

səhər yeməyi

lunch

günorta yeməyi

avondeten

nahar yeməyi

ticket

bilet

lift

lift

postzegel

poçt markası

grens

sərhəd

douane

gömrük

ambassade

səfirlik

visum

viza

paspoort

pasport

transport
nəqliyyat

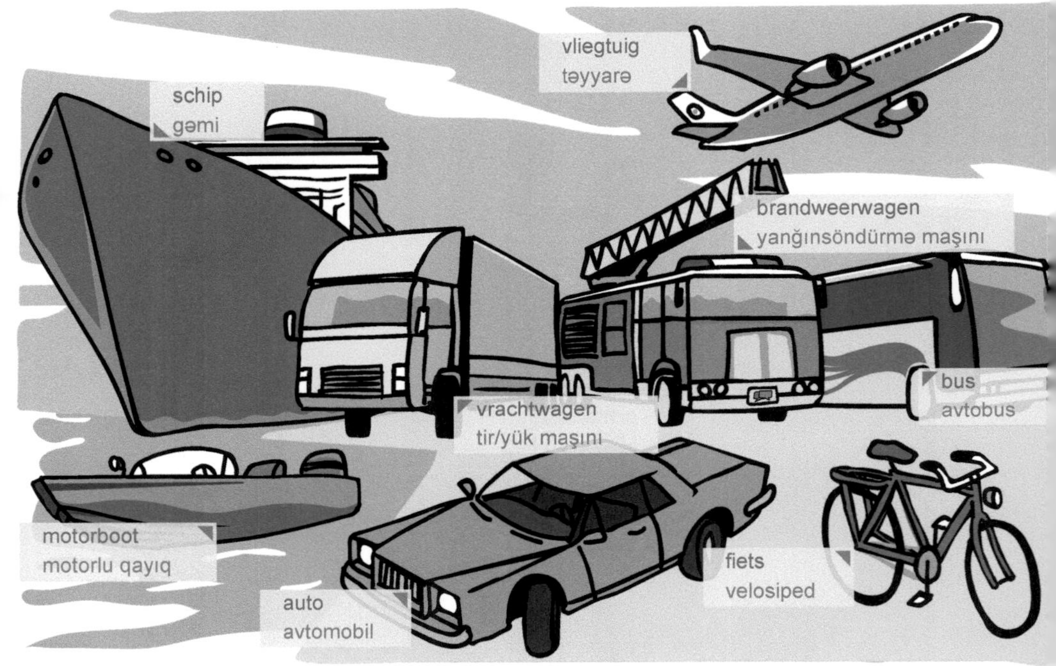

vliegtuig
təyyarə
schip
gəmi
brandweerwagen
yanğınsöndürmə maşını
bus
avtobus
vrachtwagen
tir/yük maşını
motorboot
motorlu qayıq
fiets
velosiped
auto
avtomobil

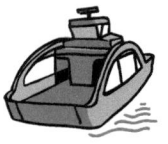

veerboot

bərə

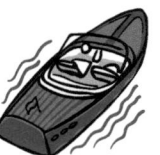

boot

qayıq

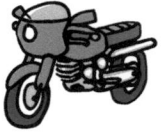

motor

motosiklet

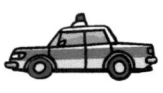

politiewagen

polis avtomobili

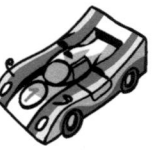

racewagen

yarış avtomobili

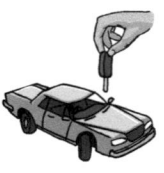

huurauto

icarə avtomobili

carpoolen

avtomobil icarəsi

sleepwagen

texniki yardım maşını

vuilniswagen

zibil maşını

motor

mühərrik

benzine

yanacaq

benzinestation

benzin doldurma məntəqəsi

verkeersbord

yol nişanı

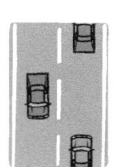

verkeer

yol hərəkəti

file

tıxac

parkeerplaats

avtomobil dayanacağı

station

dəmir yolu stansiyası

sporen

dəmiryol

trein

qatar

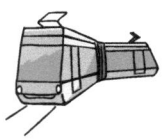

tram

tramvay

wagon

vaqon

helikopter

helikopter

luchthaven

hava limanı

toren

qüllə

passagier

sərnişin

container

konteyner

karton

karton qutu

kar

əl arabası

mand

səbət

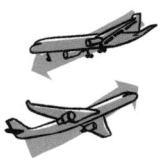

opstijgen / landen

qalxmaq / enmək

stad
şəhər

dorp

kənd

stadscentrum

şəhər mərkəzi

huis

ev

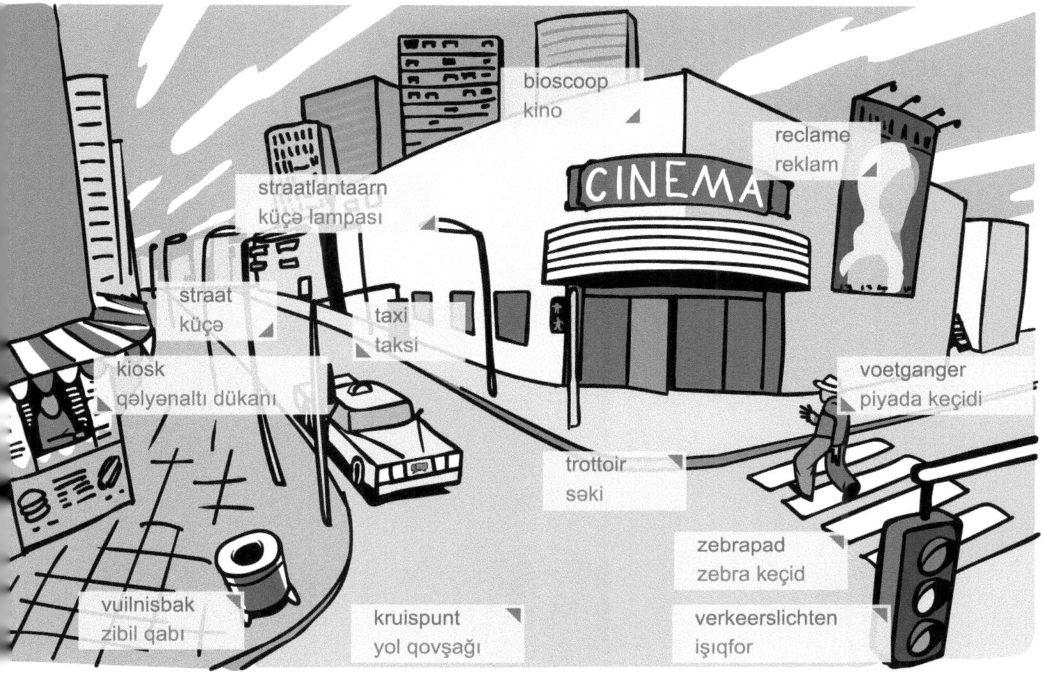

bioscoop
kino

reclame
reklam

straatlantaarn
küçə lampası

CINEMA

straat
küçə

taxi
taksi

voetganger
piyada keçidi

kiosk
qəlyənaltı dükanı

trottoir
səki

zebrapad
zebra keçid

vuilnisbak
zibil qabı

kruispunt
yol qovşağı

verkeerslichten
işıqfor

hut

daxma

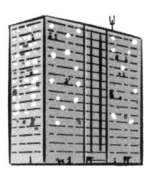

woning

mənzil

station

dəmir yolu stansiyası

stadshuis

bələdiyyə binası

museum

muzey

school

məktəb

universiteit

universitet

bank

bank

ziekenhuis

xəstəxana

hotel

mehmanxana

apotheek

aptek

kantoor

ofis

boekwinkel

kitab dükkanı

winkel

dükan

bloemenwinkel

çiçək dükanı

supermarkt

supermarket

markt

bazar

warenhuis

univermaq

vishandelaar

balıq satıcısı

winkelcentrum

ticarət mərkəzi

haven

liman

park
park

bank
oturacaq

brug
körpü

trap
pilləkən

metro
metro

tunnel
tunel

bushalte
avtobus dayanacağı

bar
bar

restaurant
restoran

brievenbus
poçt qutusu

straatnaambord
küçə nişanı

parkeermeter
parkinq sayğacı

zoo
zoopark

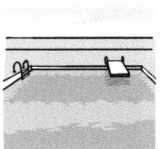

zwembad
üzgüçülük hovuzu

moskee
məscid

stad - şəhər   13

boerderij

ferma

milieuverontreiniging

ətraf mühitin çirklənməsi

kerkhof

məzarlıq

kerk

kilsə

speelplaats

oyun meydançası

tempel

məbəd

landschap

mənzərə

blad
yarpaq

wegwijzer
yol nişanı

weg
yol

weide
çəmən

steen
daş

wandelaar
piyada səyyah

boom
ağac

rivier
çay

gras
ot

bloem
gül

vallei
vadi

heuvel
təpə

meer
göl

bos
meşə

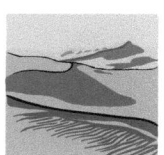

woestijn
səhra

vulkaan
vulkan

kasteel
qəsr

regenboog
göy qurşağı

paddenstoel
göbələk

palmboom
palma

mug
ağcaqanad

vlieg
milçək

mier
qarışqa

bijl
arı

spin
hörümçək

landschap - mənzərə

kever

böcək

kikker

qurbağa

eekhoorn

dələ

egel

kirpi

haas

dovşan

uil

bayquş

vogel

quş

zwaan

qu quşu

wild zwijn

qaban

hert

maral

eland

sığın

dam

su bəndi

windturbine

külək turbini

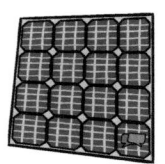

zonnepaneel

günəş batareyası

klimaat

iqlim

restaurant
restoran

ober
ofisiant
menu
menyu
stoel
kreslo
soep
şorba
pizza
pizza
tafelkleed
süfrə
bestek
bıçaq, çəngəl, qaşıq

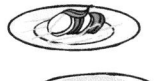

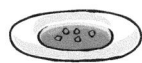

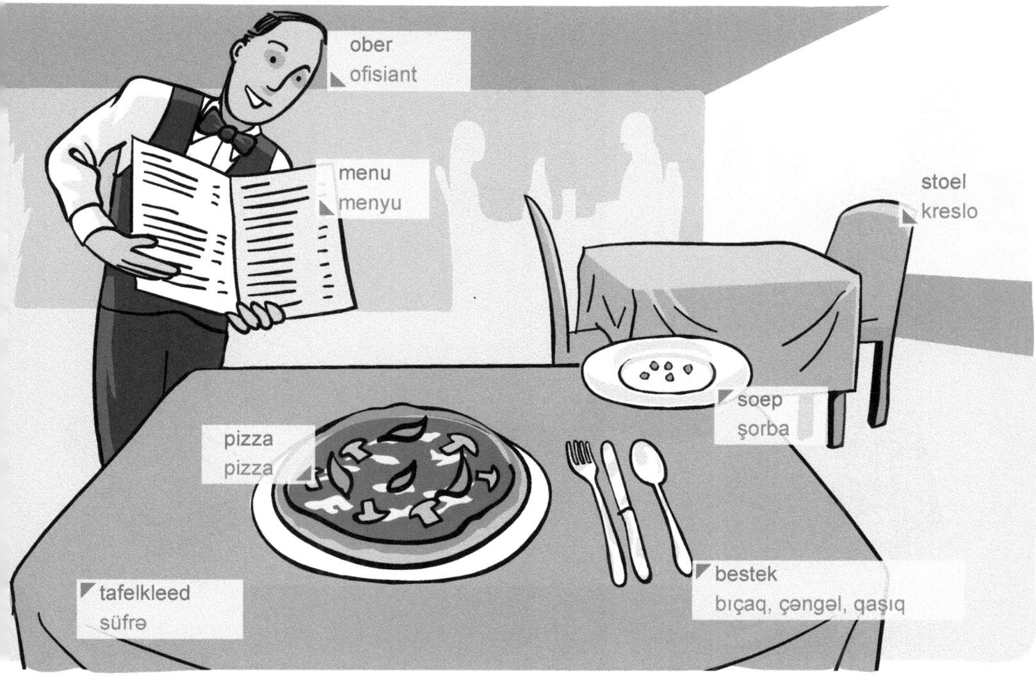

voorgerecht
....
məzə

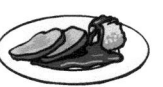

hoofdgerecht
....
əsas yemək

nagerecht
....
desert

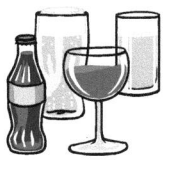

drankjes
....
içkilər

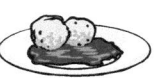

eten
....
yemək

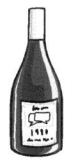

fles
....
şüşə

fastfood
fast food

street food
küçə yeməkləri

theepot
çaynik

suikerpot
qəndqabı

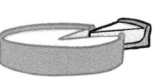

portie
pay

espressomachine
espresso maşını

kinderstoel
hündür uşaq kreslosu

rekening
faktura

dienblad
nimçə

mes
bıçaq

vork
çəngəl

lepel
qaşıq

theelepel
çay qaşığı

serviette
salfet

glas
şüşə

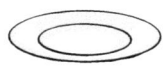

bord

boşqab

soepbord

şorba boşqabı

schoteltje

nəlbəki

saus

sous

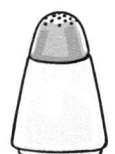

zoutvatje

duz qabı

pepermolen

bibərüyüdən

azijn

sirkə

olie

duru yağ

kruiden

ədviyyat

ketchup

ketçup

mosterd

xardal

mayonaise

mayonez

supermarkt

supermarket

aanbieding
xüsusi təklif
FOR
klant
müştəri
zuivelproducten
süd məhsulları
fruit
meyvə
winkelwagen
alış-veriş arabası

BUTCHERS

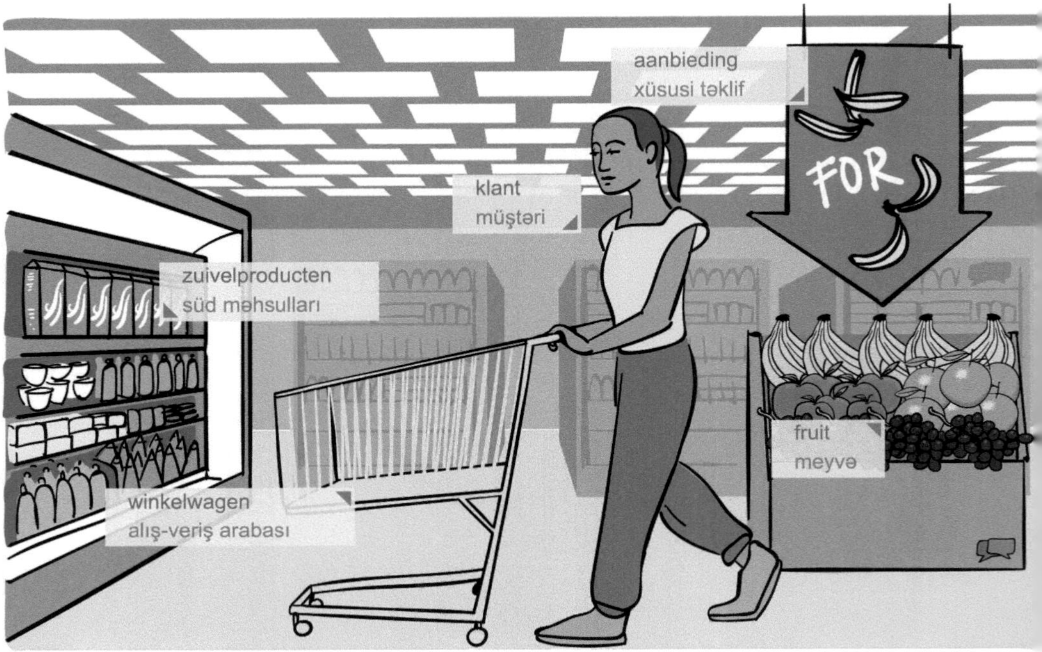

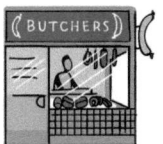

slagerij

qəssab dükanı

BAKERY

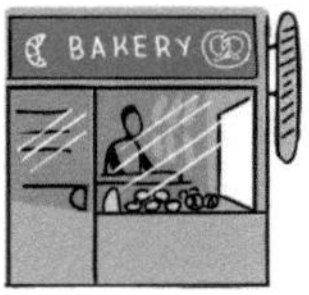

bakkerij

çörəkçi

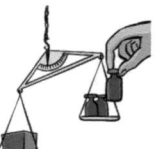

wegen

çəkmək

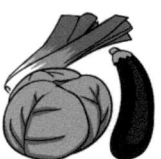

groenten

tərəvəz

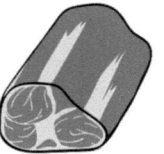

vlees

ət

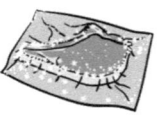

diepvriesvoedsel

dondurulmuş qida

charcuterie

soyuq ət yeməyi

conserven

konservləşdirilmiş qida

waspoeder

yuyucu toz

snoep

şirniyyat

huishoudproducten

təsərrüfat malları

schoonmaakproducten

yuyucu vasitələr

verkoopster

satıcı

kassa

kassa

kassier

kassir

boodschappenlijstje

alış-veriş siyahısı

openingstijden

iş saatları

portefeuille

pul kisəsi

kredietkaart

kredit kartı

tas

torba

plastieken zakje

plastik torba

water
su

sap
şirə

melk
süd

cola
cola

wijn
şərab

bier
pivə

alcohol
alkoqollu içkilər

cacao
kakao

thee
çay

koffie
qəhvə

espresso
espresso

cappuccino
kapuçino

banaan

banan

appel

alma

sinaasappel

portağal

meloen

yemiş

citroen

limon

wortel

yerkökü

knoflook

sarımsaq

bamboe

bambuq

ajuin

soğan

champignon

göbələk

noten

qoz-fındıq

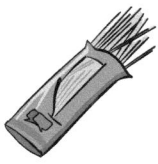

noodles

əriştə

spaghetti

spagetti

rijst

düyü

salade

salat

frieten

cips

gebakken aardappelen

qızardılmış kartof

pizza

pizza

hamburger

hamburger

sandwich

sandviç

kalfslapje

eskalop

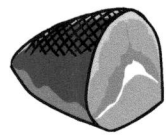

ham

hisə verilmiş donuz əti

salami

salyami

worst

kolbasa

kip

toyuq

braden

qızardılmış ət tikəsi

vis

balıq

eten - yemək

havervlokken

yulaf yarması

muesli

müsli

cornflakes

partlaq qarğıdalı

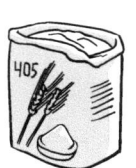

bloem

un

croissant

kruassan

pistolet

bulka

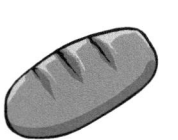

brood

çörək

toast

tost

koekjes

peçenye

boter

kərə yağı

kwark

kəsmik

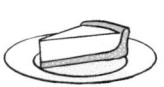

taart

tort

ei

yumurta

spiegelei

qayğanaq

kaas

pendir

ijs

dondurma

suiker

şəkər

honing

bal

confituur

mürəbbə

choco

şokolad pastası

curry

köri

eten - yemək

boerderij
ferma

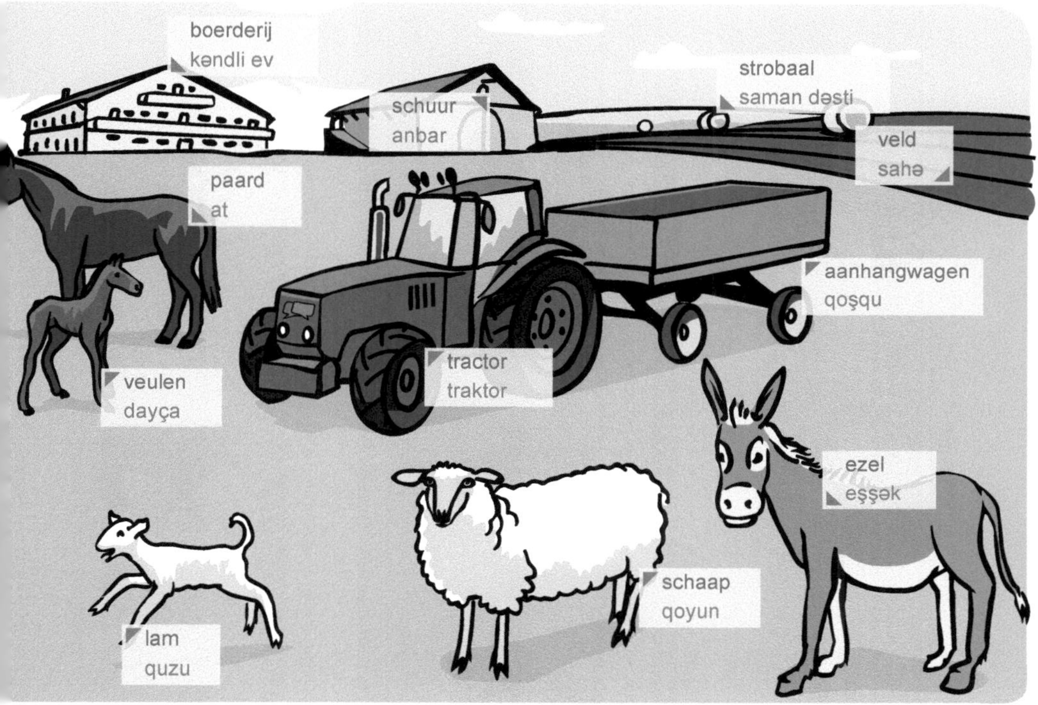

boerderij
kəndli ev
schuur
anbar
strobaal
saman dəsti
veld
sahə
paard
at
aanhangwagen
qoşqu
veulen
dayça
tractor
traktor
ezel
eşşək
schaap
qoyun
lam
quzu

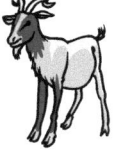

geit

keçi

koe

inək

kalf

dana

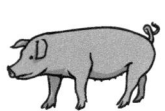

varken

donuz

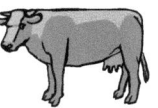

biggetje

donuz balası

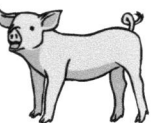

stier

öküz

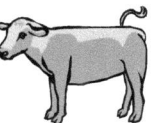

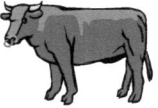

gans
qaz

eend
ördək

kuiken
cücə

kip
toyuq

haan
xoruz

rat
siçovul

kat
pişik

muis
siçan

os
öküz

hond
it

hondenhok
itdamı

tuinslang
bağ şlanqı

gieter
susəpən

zeis
dəryaz

ploeg
kotan

sikkel
oraq

schoffel
kətman

hooivork
yaba

bijl
balta

kruiwagen
əl arabası

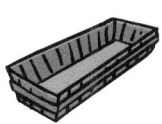

trog
çalov

melkkan
süd bidonu

zak
çuval

hek
çəpər

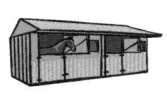

stal
tövlə

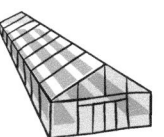

broeikas
istixana

bodem
torpaq

zaad
toxum

mest
gübrə

maaidorser
taxılbiçən kombayn

oogsten

məhsul yığmaq

oogst

məhsul yığımı

yam

yam

tarwe

buğda

soja

soya

aardappel

kartof

maïs

dən

koolzaad

raps

fruitboom

meyvə ağacı

maniok

maniok

graan

yarma

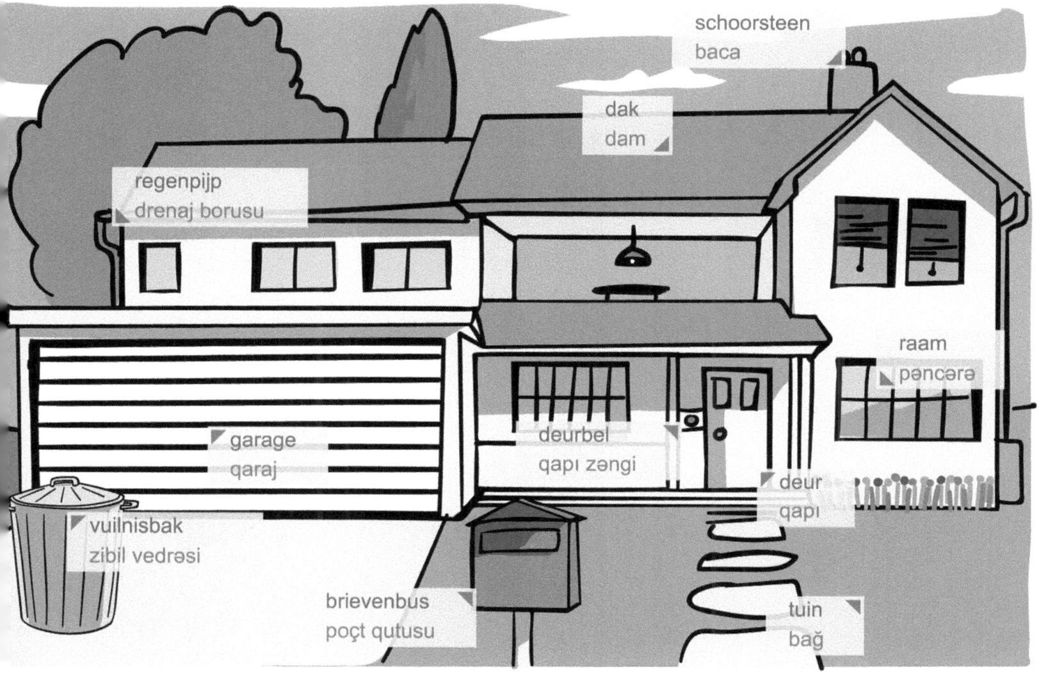

schoorsteen
baca

dak
dam

regenpijp
drenaj borusu

raam
pəncərə

garage
qaraj

deurbel
qapı zəngi

deur
qapı

vuilnisbak
zibil vedrəsi

brievenbus
poçt qutusu

tuin
bağ

woonkamer

qonaq otağı

badkamer

hamam otağı

keuken

mətbəx

slaapkamer

yataq otağı

kinderkamer

uşaq otaqı

eetkamer

yemək otağı

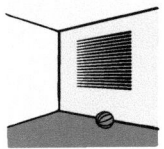

vloer

döşəmə

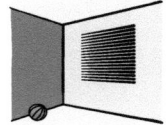

muur

divar

plafond

tavan

kelder

zirzəmi

sauna

sauna

balkon

balkon

terras

terras

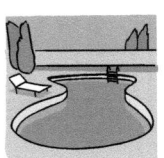

zwembad

üzgüçülük hovuzu

grasmaaier

otbiçən maşın

dekbedovertrek

mələfə

dekbed

yataq örtüyü

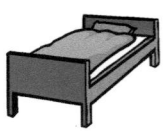

bed

yataq

bezem

süpürgə

emmer

vedrə

schakelaar

elektrik açarı

woonkamer

qonaq otağı

behangpapier
divar kağızı
foto
şəkil
lamp
lampa
schap
rəf
kast
şkaf
televisie
televiziya
open haard
buxarı
bloem
gül
kussen
yastıq
sofa
divan
vaas
vaza
afstandsbediening
uzaqdan idarəetmə

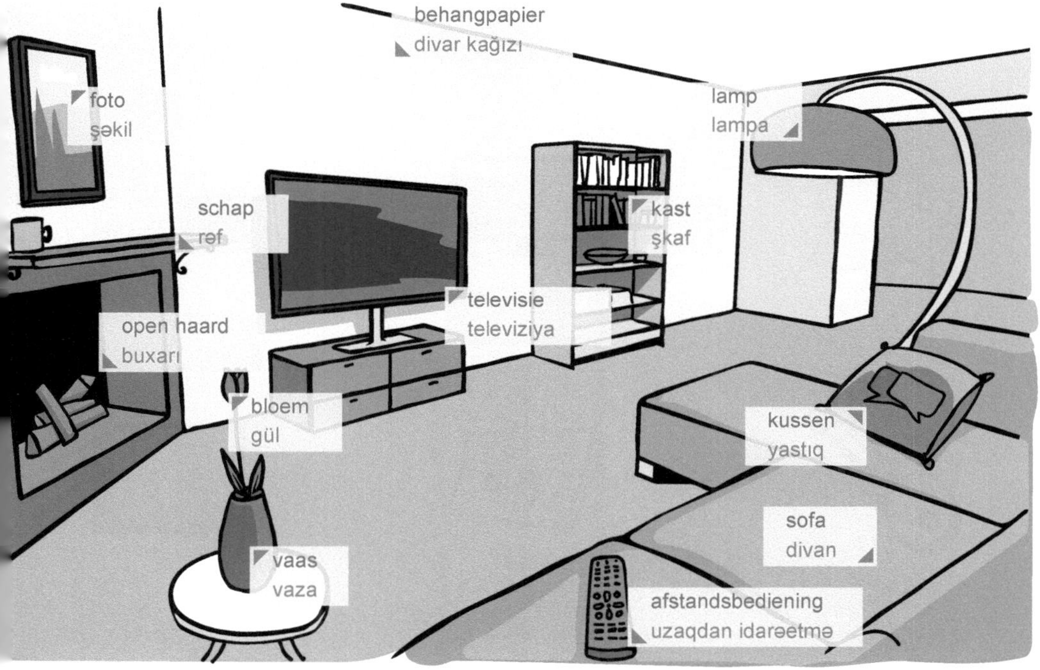

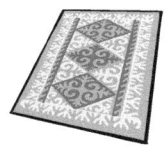

mat

xalça

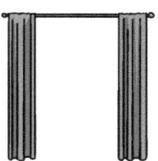

gordijn

pərdə

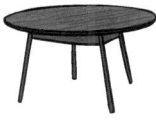

tafel

masa

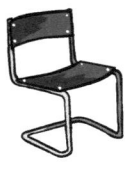

stoel

kreslo

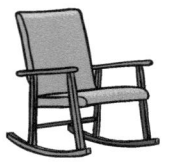

schommelstoel

yırğalanan stul

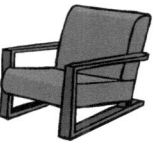

fauteuil

kreslo

boek
kitab

deken
yorğan

decoratie
bəzək

brandhout
odun

film
film

stereo-installatie
stereo səs sistemi

sleutel
açar

krant
qəzet

schilderij
rəsm əsəri

poster
plakat

radio
radio

notitieboekje
bloknot

stofzuiger
tozsoran

cactus
kaktus

kaars
şam

keuken
mətbəx

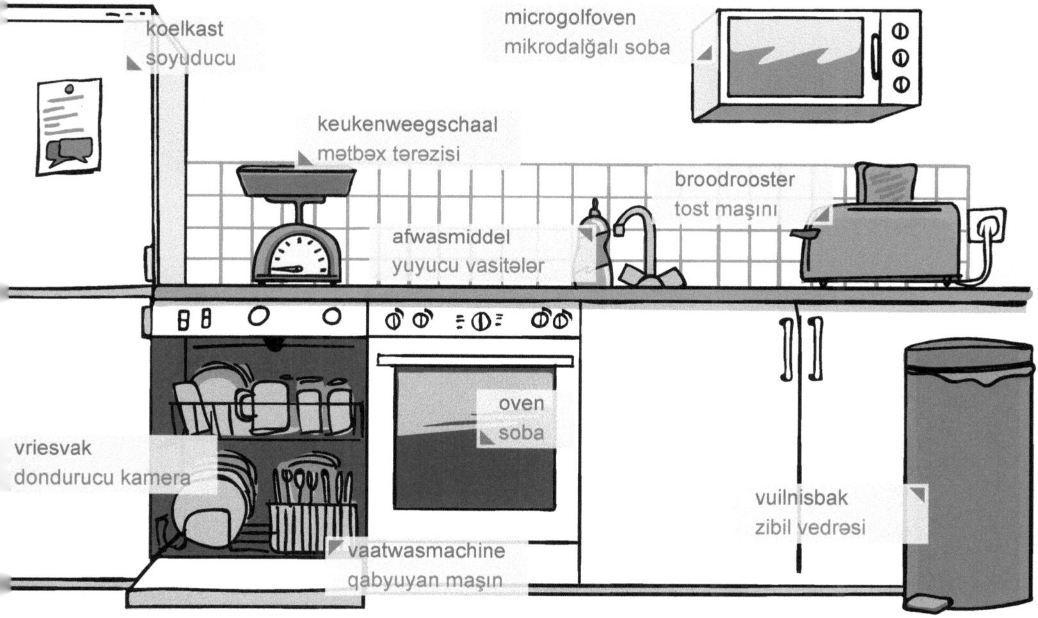
koelkast
soyuducu
microgolfoven
mikrodalğalı soba
keukenweegschaal
mətbəx tərəzisi
broodrooster
tost maşını
afwasmiddel
yuyucu vasitələr
oven
soba
vriesvak
dondurucu kamera
vuilnisbak
zibil vedrəsi
vaatwasmachine
qabyuyan maşın

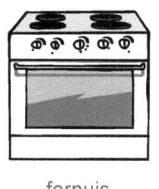

fornuis
………………
soba

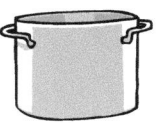

pot
………………
qazan

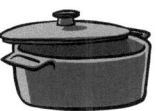

gietijzeren pot
………………
çuqun qazan

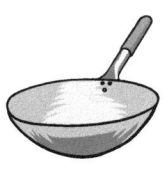

wok / kadai
………………
vok / kadai

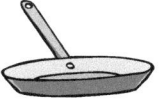

pan
………………
tava

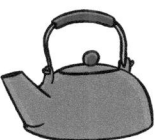

waterkoker
………………
çaydan

stoomkoker

buxar qazanı

bakplaat

sac

servies

qab

mok

fincan

kom

ləyən

eetstokjes

yemək üçün çubuqlar

pollepel

çömçə

spatel

spatula

garde

çırpıcı

vergiet

süzgəc

zeef

ələk

rasp

sürtgəc

mortier

həvəngdəstə

barbecue

barbekyu

haardvuur

ocaq

snijplank

doğrama taxtası

deegrol

oxlov

kurkentrekker

probkaçıxaran

blik

banka

blikopener

bankaağzıaçan

pannenlap

qabtutan

gootsteen

əl üz yuyan

borstel

fırça

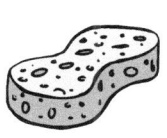

spons

süngər

blender

blender

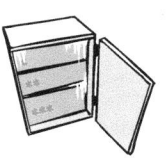

vriezer

dondurucu

papfles

körpə şüşəsi

kraan

kran

badkamer
hamam otağı

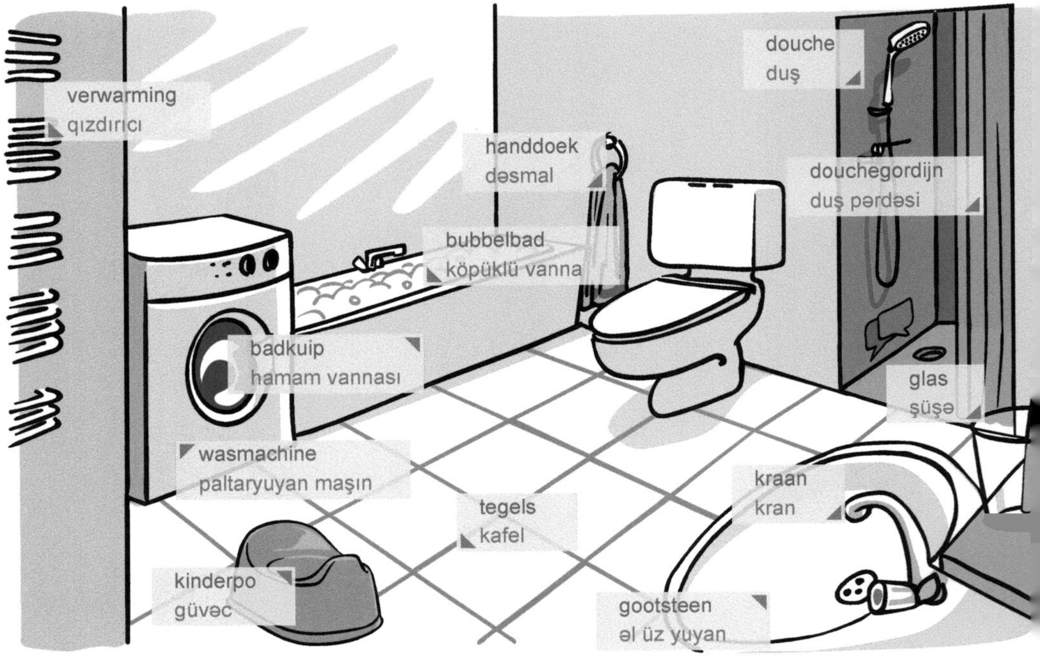

verwarming
qızdırıcı
douche
duş
handdoek
dəsmal
douchegordijn
duş pərdəsi
bubbelbad
köpüklü vanna
badkuip
hamam vannası
glas
şüşə
wasmachine
paltaryuyan maşın
kraan
kran
tegels
kafel
kinderpo
güvəc
gootsteen
əl üz yuyan

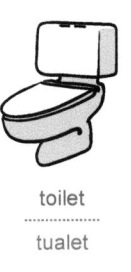

toilet

tualet

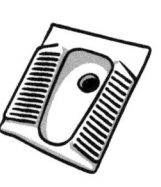

hurktoilet

çömbəlmə tualet

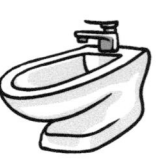

bidet

bide

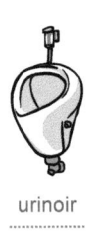

urinoir

urinal

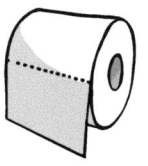

toiletpapier

tualet kağızı

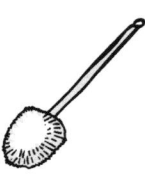

toiletborstel

tualet fırçası

tandenborstel

diş fırçası

tandpasta

diş pastası

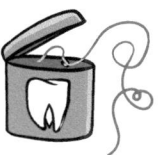

flosdraad

diş ipi

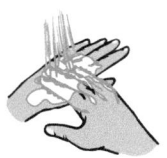

wassen

yumaq

handdouche

əl duşu

bidethanddouche

intim duş

waskom

taz

rugborstel

bel fırçası

zeep

sabun

douchegel

duş üçün gel

shampoo

şampun

washandje

əsgi

afvoer

drenaj

crème

krem

deodorant

dezodorant

spiegel

güzgü

handspiegel

əl güzgüsü

scheermes

ülgüc

scheerschuim

üz qırxmaq üçün köpük

aftershave

təraşdan sonra su

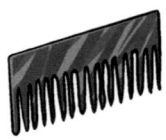

kam

daraq

borstel

fırça

haardroger

fen

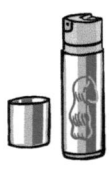

haarlak

saç spreyi

make-up

makiyaj

lippenstift

dodaq boyası

nagellak

dırnaq lakı

watten

pambıq

nagelknipper

dırnaq qayçısı

parfum

ətir

toilettas

gigiyenik torba

kruk

kətil

weegschaal

tərəzi

badjas

hamam xalatı

latex handschoenen

rezin əlcək

tampon

tampon

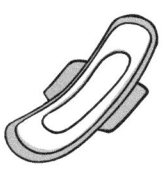

maandverband

gigiyenik salfet

chemisch toilet

kimyəvi tualet

kinderkamer

uşaq otaqı

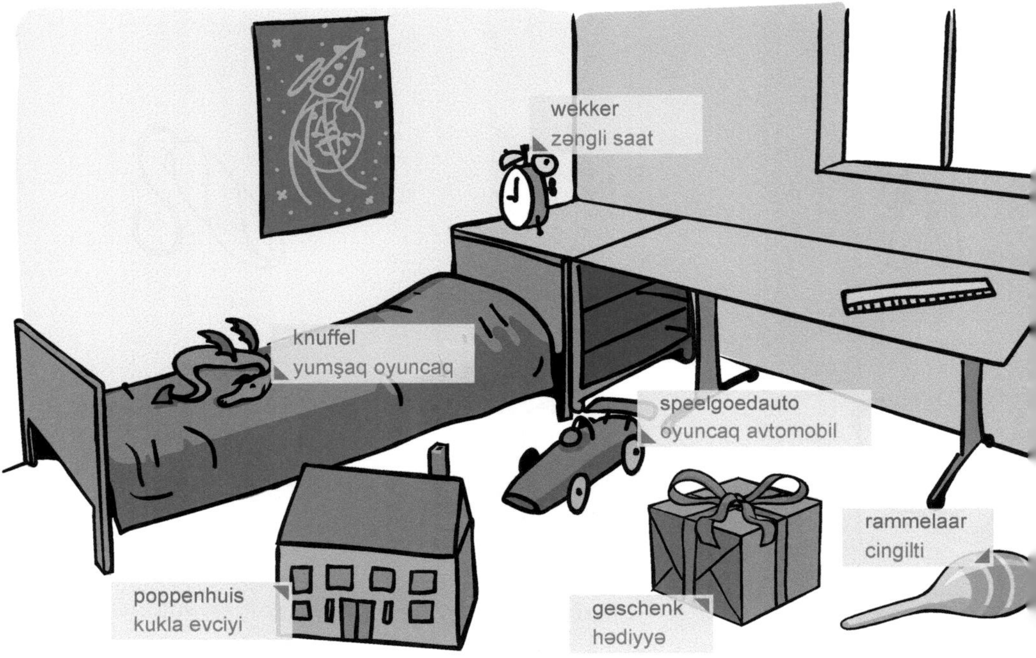

wekker
zəngli saat
knuffel
yumşaq oyuncaq
speelgoedauto
oyuncaq avtomobil
rammelaar
cingilti
poppenhuis
kukla evciyi
geschenk
hədiyyə

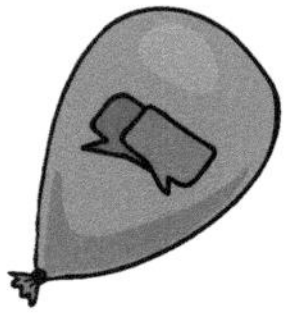

ballon

balon

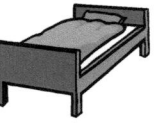

bed

yataq

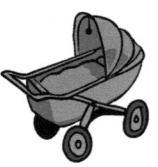

kinderwagen

uşaq arabası

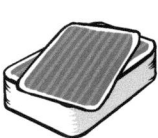

spel kaarten

kart dəsti

puzzel

elektrik mişarı

SUPER
MEGA

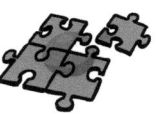

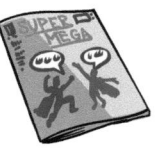

stripboek

komik

legoblokjes

leqo kərpici

blokken

konstruktor blokları

actiefiguur

oyuncaq-personaj

kruippakje

eni doğulmuş körpələr
üçün geyimi

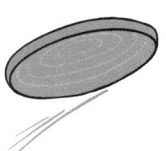

frisbee

frisbi

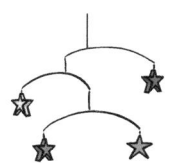

mobiel

yataq üstünə asılan körpə
oyuncağı

bordspel

masaüstü oyun

dobbelsteen

zər

modelspoorweg

oyuncaq qatar

fopspeen

emzik

feest

qonaqlıq

prentenboek

rəsmli kitab

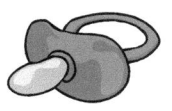

bal

top

pop

kukla

spelen

oynamaq

zandbak

qum qutusu

schommel

yellancak

speelgoed

oyuncaqlar

spelconsole

video oyun konsolu

driewieler

üç təkərli velosiped

knuffelbeer

plüşdən hazırlanmış
oyuncaq ayı

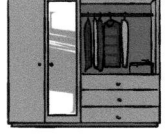

kleerkast

şkaf

kleding

geyim

sokken

corab

kousen

corab

maillot

kalqotka

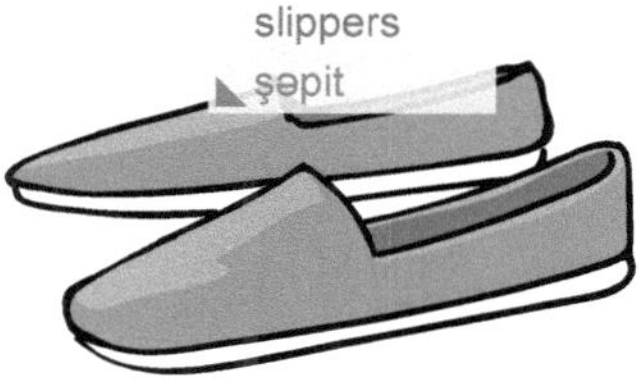

sjaal
kaşne

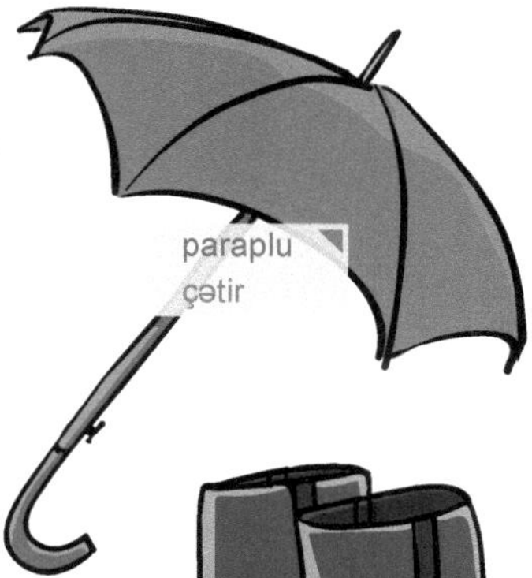

paraplu
çətir

T-shirt
t-shirt

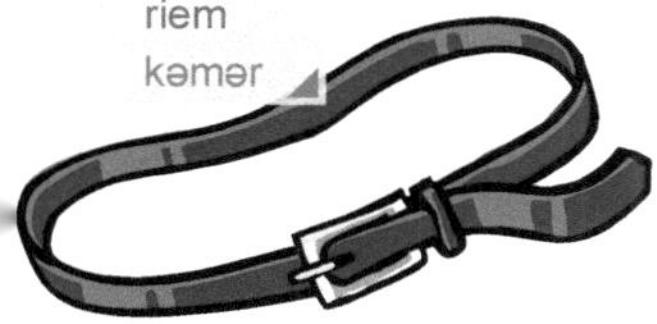

riem
kəmər

laarzen
çəkmə

slippers
şəpit

sneakers
idman ayaqqabısı

sandalen
sandallar

schoenen
ayaqqabı

rubberlaarzen
rezin çəkmələr

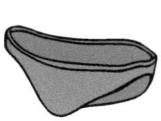

onderbroek
dizlik

beha
lifçik

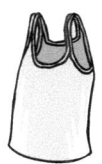

onderhemd
alt köynəyi

kleding - geyim

lichaam
alt paltarı

broek
şalvar

jeans
cins

rok
yubka

blouse
bluza

hemd
köynək

trui
sviter

capuchontrui
başlıqlı idman gödəkçəsi

blazer
gödəkçə

jas
gödəkcə

jas
pencək

regenjas
plaş

kostuum
kostyum

jurk
paltar

trouwjurk
gəlin paltarı

pak
kostyum

nachthemd
gecə köynəyi

pyjama
pijama

sari
sari

hoofddoek
hicab / eşarp

tulband
çalma

boerka
burka

kaftan
kaftan

abaya
abaya

badpak
çimərlik geyimi

zwembroek
tumuş

short
şort

trainingspak
məşq kostyumu

schort
önlük

handschoenen
əlcək

knoop

düymə

bril

eynək

armband

bilərzik

ketting

boyunbağı

ring

üzük

oorbel

sırğa

pet

papaq

kapstok

asılqan

hoed

papaq

das

qalstuk

rits

zəncirbənd

helm

dəbilqə

bretellen

aşırma

schooluniform

məktəb uniforması

uniform

uniforma

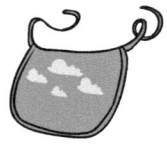

slabbetje

döşlük

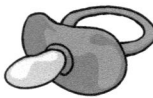

fopspeen

emzik

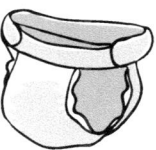

luier

körpə bezi

kantoor
ofis

server
server
dossierkast
arxiv şkafı
printer
printer
papier
kağız
monitor
monitor
muis
siçan
bureau
iş masası
map
qovluq
toestenbord
klaviatura
papiermand
zibil qutusu
computer
kompyuter
stoel
stul

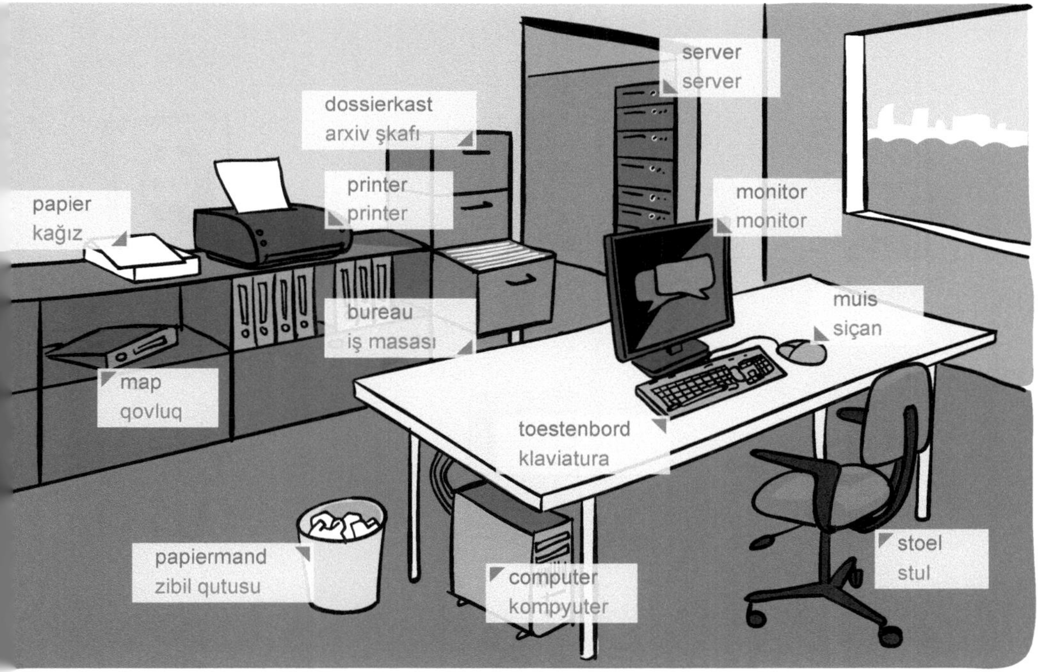

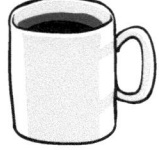

koffiemok

qəhvə fincanı

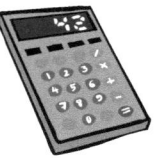

rekenmachine

kalkulyator

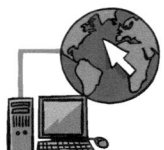

internet

internet

laptop

laptop

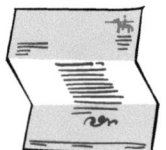

brief

məktub

bericht

mesaj

gsm

mobil telefon

netwerk

şəbəkə

kopieerapparaat

surətçıxaran maşın

software

proqram təminatı

telefoon

telefon

stopcontact

ştepsel

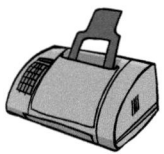

fax

faks

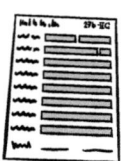

formulier

forma

document

sənəd

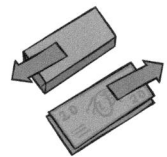

kopen

satın almaq

betalen

ödəmək

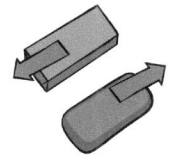

handelen

alverlə məşğul olmaq

geld

pul

dollar

dollar

euro

avro

yen

yen

roebel

rubl

Zwitserse frank

frank

Chinese renminbi

renminbi yuan

roepie

rupi

geldautomaat

bankomat

wisselkantoor

valyuta mübadiləsi
məntəqəsi

goud

qızıl

zilver

gümüş

olie

neft

energie

enerji

prijs

qiymət

contract

müqavilə

belasting

vergi

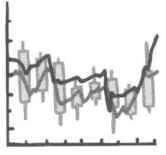

aandeel

səhm

werken

işləmək

werknemer

işçi

werkgever

işəgötürən

fabriek

fabrik

winkel

dükan

beroepen

peşə

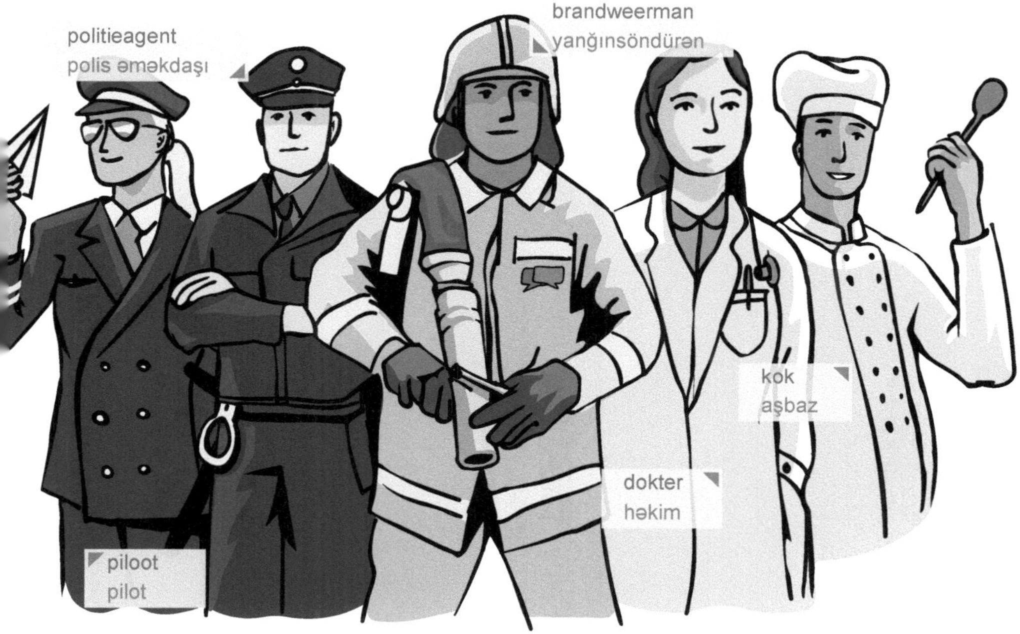

politieagent
polis əməkdaşı
brandweerman
yanğınsöndürən
kok
aşbaz
dokter
həkim
piloot
pilot

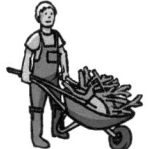

tuinman

bağban

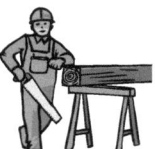

timmerman

dülgər

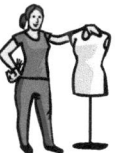

naaister

dərzi

rechter

hakim

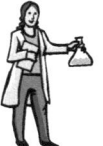

chemicus

kimyaçı

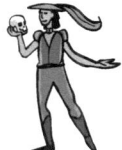

acteur

aktyor

buschauffeur

avtobus sürücüsü

taxichauffeur

taksi sürücüsü

visser

balıqçı

schoonmaakster

xadimə

dakdekker

dam işçisi

ober

ofisiant

jager

ovçu

schilder

rəssam

bakker

çörəkçi

elektricien

elektrik ustası

bouwvakker

inşaat işçisi

ingenieur

mühəndis

slager

qəssab

loodgieter

santexnik

postbode

poçtalyon

soldaat

əsgər

architect

memar

kassier

kassir

bloemist

gül-çiçək satıcısı

kapper

bərbər

conducteur

konduktor

mecanicien

mexanik

kapitein

kapitan

tandarts

diş həkimi

wetenschapper

alim

rabbijn

ravvin

imam

imam

monnik

rahib

geestelijke

keşiş

werktuigen
alətlər

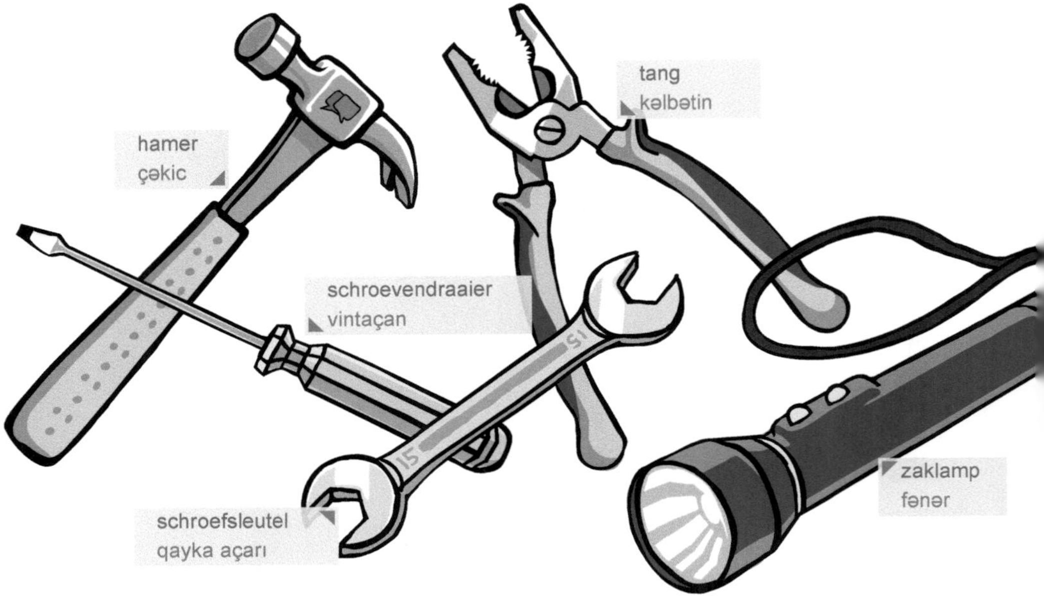
tang
kəlbətin
hamer
çəkic
schroevendraaier
vintaçan
zaklamp
fənər
schroefsleutel
qayka açarı

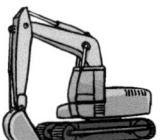

graafmachine

ekskavator

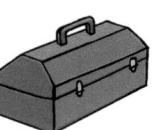

gereedschapskoffer

alətlər qutusu

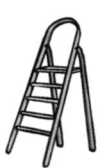

ladder

nərdivan

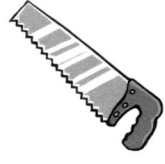

zaag

mişar

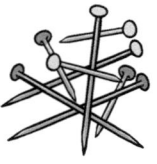

spijkers

dırnaqlar

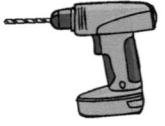

boormachine

drel

repareren

təmir etmək

schop

kürək

Verdomme!

Lənət olsun!

blik

xəkəndaz

verfpot

boya vedrəsi

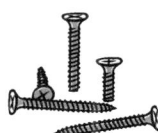

schroeven

vintlər

muziekinstrumenten
musiqi alətləri

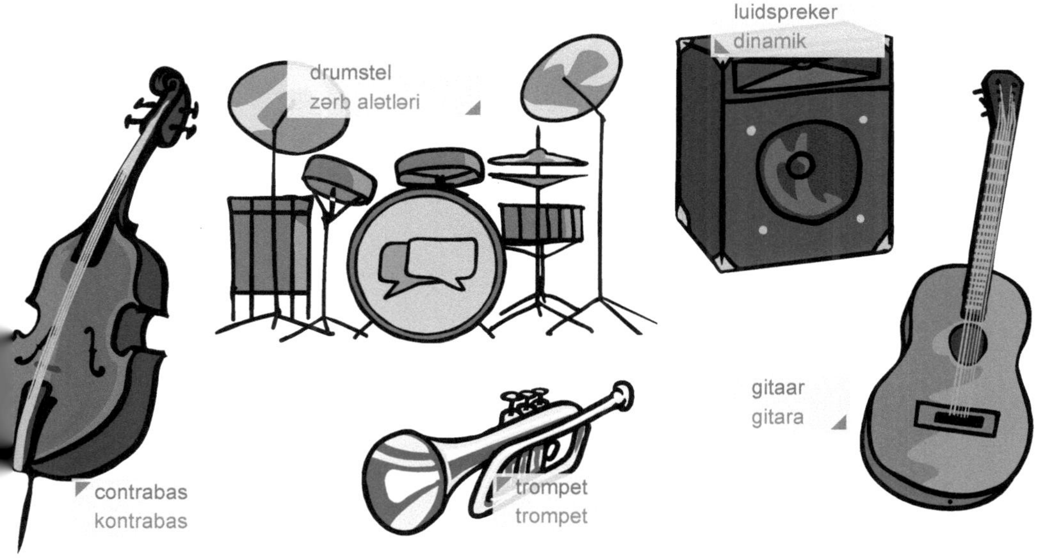

luidspreker
dinamik

drumstel
zərb alətləri

gitaar
gitara

contrabas
kontrabas

trompet
trompet

piano

fortepiano

viool

skripka

basgitaar

bas

pauk

timpani

trommels

nağara

keyboard

sintezator

saxofoon

saksafon

fluit

fleyta

microfoon

mikrofon

zoo
zoopark

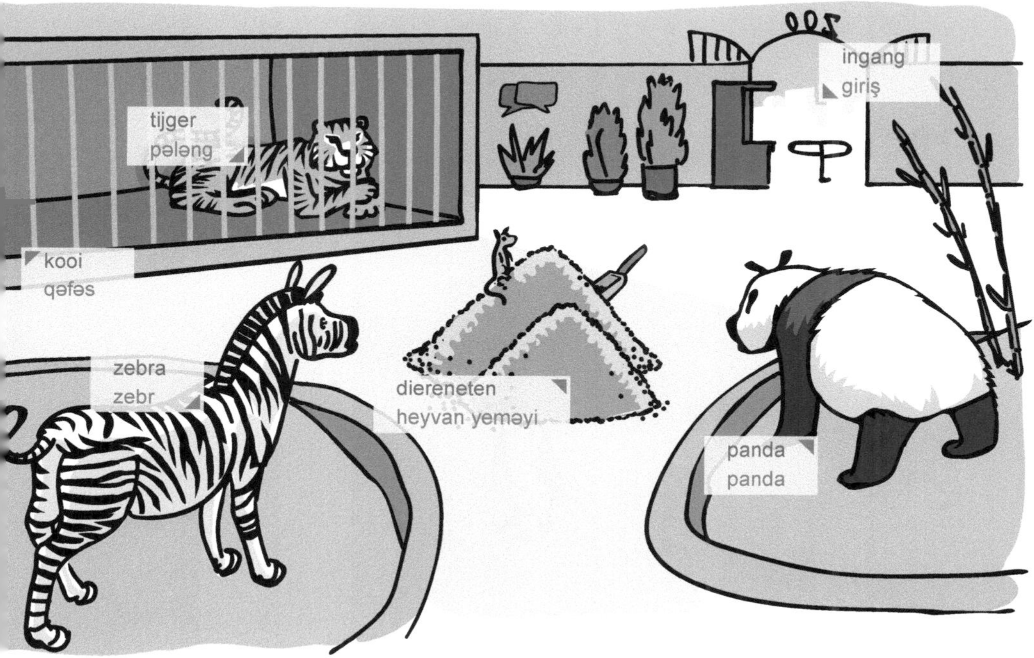

ingang
giriş
tijger
pələng
kooi
qəfəs
zebra
zebr
diereneten
heyvan yeməyi
panda
panda

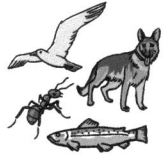

dieren

heyvanlar

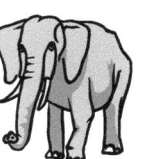

olifant

fil

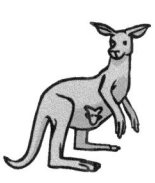

kangoeroe

kenquru

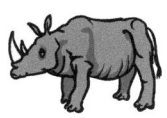

neushoorn

kərgədan

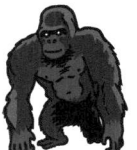

gorilla

qorilla

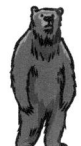

beer

ayı

kameel

dəvə

struisvogel

dəvəquşu

leeuw

aslan

aap

meymun

flamingo

flamingo

papegaai

tutuquşu

ijsbeer

qütb ayısı

pinguïn

pinqvin

haai

köpəkbalığı

pauw

tovuz

slang

ilan

krokodil

timsah

dierenverzorger

zoopark işçisi

zeehond

suiti

jaguar

yaquar

pony

poni

luipaard

bəbir

nijlpaard

hippopotam

giraffe

zürafə

adelaar

qartal

wild zwijn

qaban

vis

balıq

zeeschildpad

tısbağa

walrus

morj

vos

tülkü

gazelle

ceyran

rugby
amerikan futbolu

wielrennen
velosiped sürmək

tennis
tennis

basketbal
basketbol

zwemmen
üzgüçülük

boksen
boks

ijshockey
buz xokkeyi

voetbal

futbol

badminton

badminton

atletiek

yüngül atletika

handbal

həndbol

skiën

xizək

polo

polo

activiteiten
fəaliyyət

lachen
gülmək
springen
ullanmaq
knuffelen
qucaqlaşmaq
wandelen
getmək
zingen
oxumaq
dromen
yuxu qörmək
bidden
dua etmək
kussen
öpüşmək

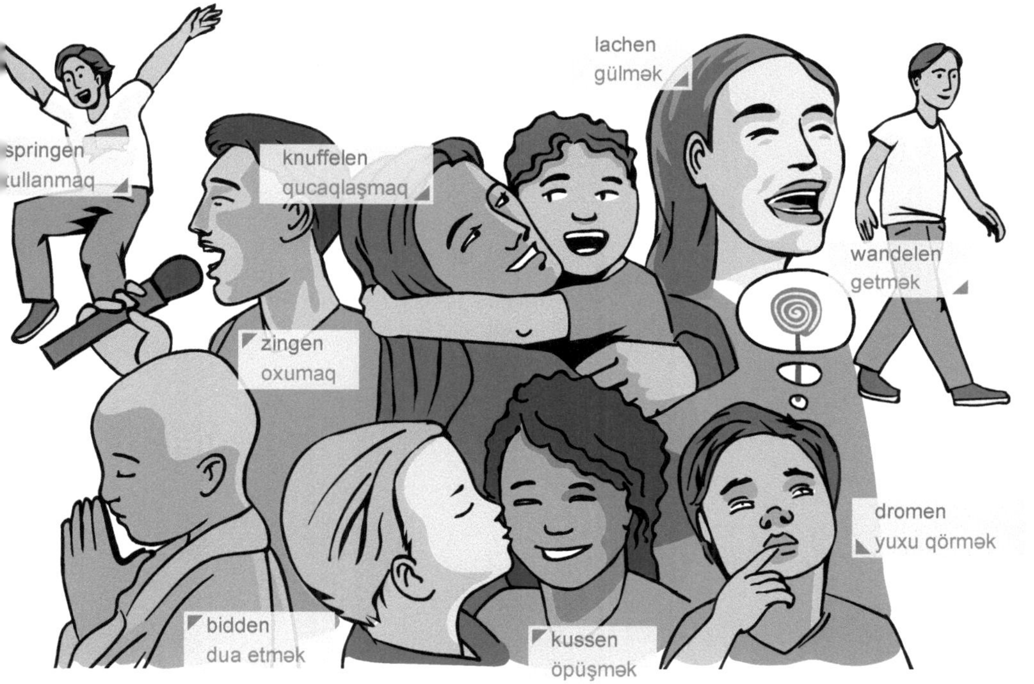

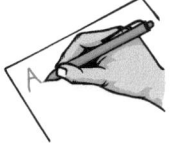

schrijven
yazmaq

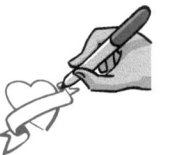

tekenen
çəkmək

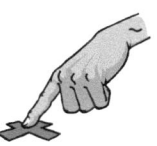

tonen
göstərmək

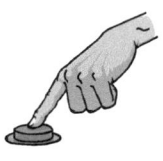

duwen
itələmək

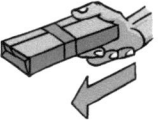

geven
vermək

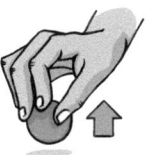

nemen
götürmək

hebben

sahibi olmaq

doen

etmək

zijn

olmaq

staan

durmaq

lopen

qaçmaq

trekken

çəkmək

gooien

atmaq

vallen

düşmək

liggen

uzanmaq

wachten

gözləmək

dragen

daşımaq

zitten

oturmaq

aankleden

geyinmək

slapen

yatmaq

ontwaken

ayılmaq

kijken naar
baxmaq

wenen
ağlamaq

aaien
sığallamaq

kammen
daramaq

praten
danışmaq

begrijpen
anlamaq

vragen
soruşmaq

luisteren
dinləmək

drinken
içmək

eten
yemək

opruimen
təmizləmək

houden van
sevmək

koken
bişirmək

rijden
sürmək

vliegen
uçmaq

zeilen

üzmək

rekenen

hesablamaq

Lezen

oxumaq

leren

öyrənmək

werken

işləmək

trouwen

evlənmək

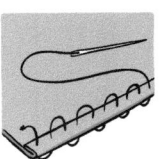

naaien

tikmək

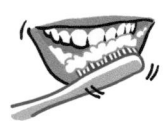

tandenpoetsen

dişləri təmizləmək

doden

öldürmək

roken

siqaret çəkmək

sturen

göndərmək

grootmoeder
nənə

grootvader
baba

vader
ata

moeder
ana

baby
körpə

dochter
qız

zoon
oğul

gast

qonaq

tante

xala/bibi

oom

əmi/dayı

broer

qardaş

zus

bacı

lichaam

bədən

voorhoofd
alın
oog
göz
schouder
çiyin
vinger
barmaq
gezicht
üz
kin
buxaq
hand
əl
been
ayaq
borst
döş
arm
qol

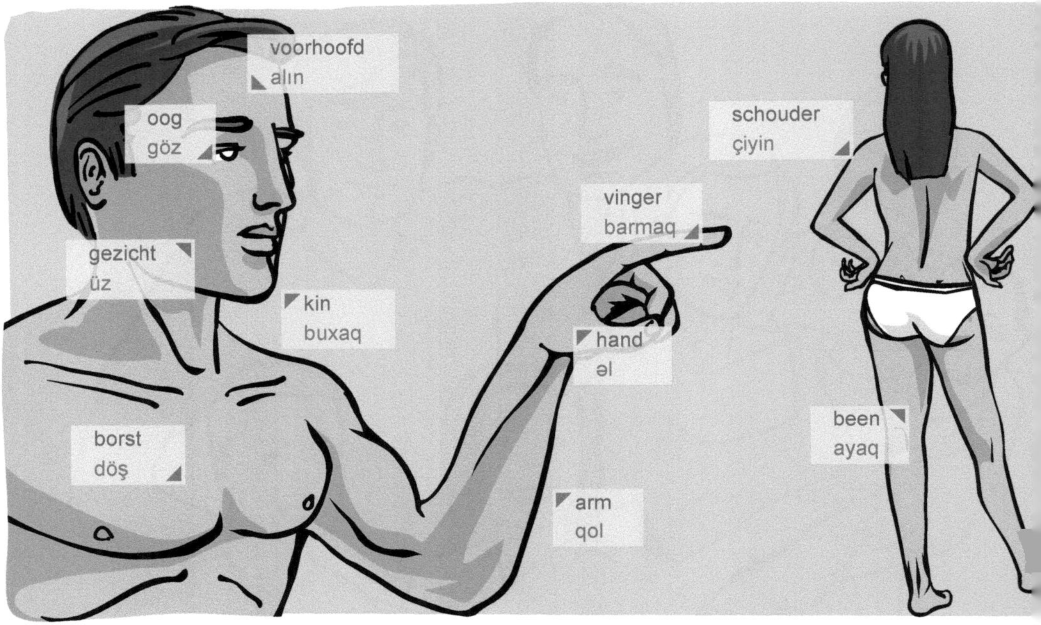

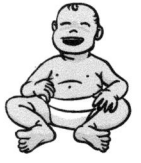

baby

körpə

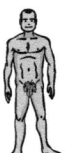

man

kişi

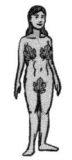

vrouw

qadın

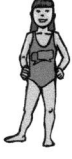

meisje

qız

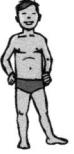

jongen

oğlan

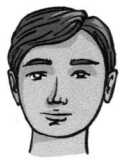

hoofd

baş

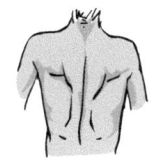

rug

bel

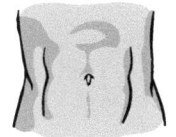

buik

qarın

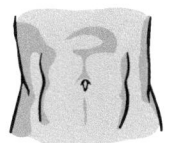

navel

göbək

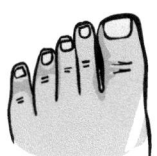

teen

ayaq barmağı

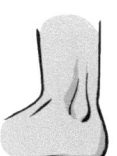

hiel

daban

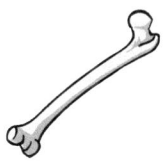

bot

sümük

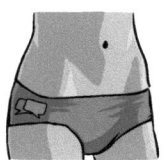

heup

bud

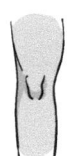

knie

diz

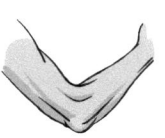

elleboog

dirsək

neus

burun

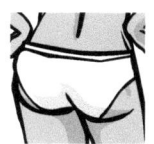

zitvlak

sağrı

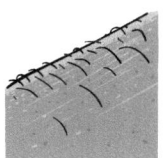

huid

dəri

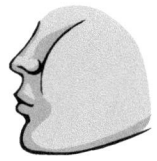

wang

yanaq

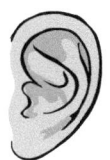

oor

qulaq

lip

dodaq

mond

ağız

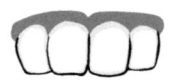

tand

diş

tong

dil

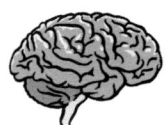

hersenen

beyin

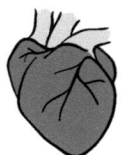

hart

ürək

spier

əzələ

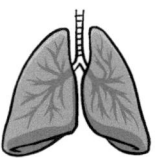

long

ağciyər

lever

qaraciyər

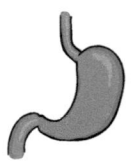

maag

mədə

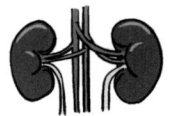

nieren

böyrəklər

seks

cinsi yaxınlıq

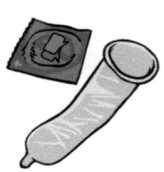

condoom

kondom

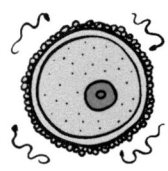

eicel

qadın cinsi hüceyrə

sperma

sperma

zwangerschap

hamiləlik

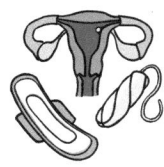

menstruatie
aybaşı

vagina
vagina

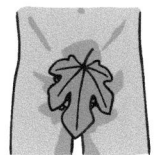

penis
penis

wenkbrauw
qaş

haar
saç

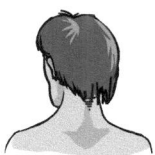

nek
boyun

ziekenhuis
xəstəxana

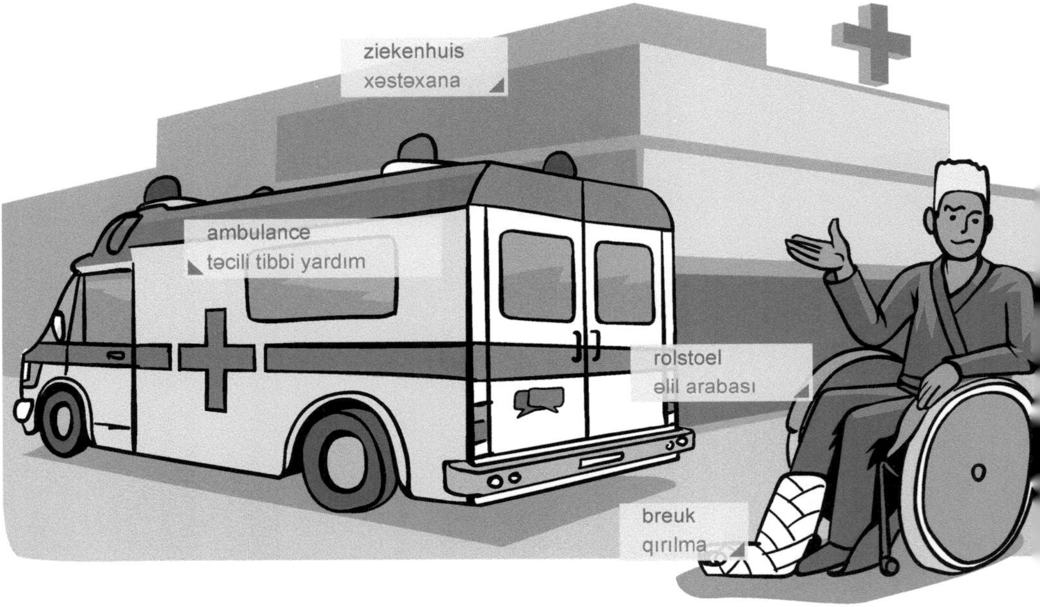

ziekenhuis
xəstəxana
ambulance
təcili tibbi yardım
rolstoel
əlil arabası
breuk
qırılma

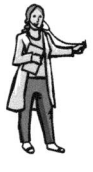

dokter

həkim

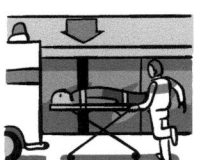

spoed

reanimasiya şöbəsi

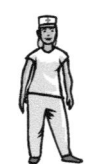

verpleegkundige

tibb bacısı

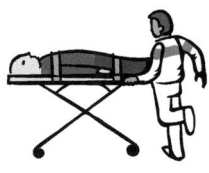

noodgeval

fövqəladə hallar

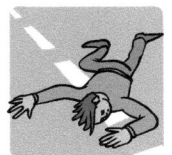

bewusteloos

huşunu itirmiş

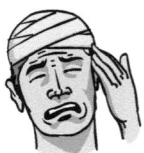

pijn

ağrı

verwonding

zədə

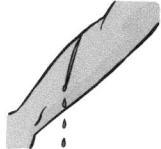

bloeding

qanaxma

hartaanval

infarkt

beroerte

insult

allergie

allergiya

hoest

öskürək

koorts

qızdırma

griep

qrip

diarree

ishal

hoofdpijn

başağrısı

kanker

xərçəng

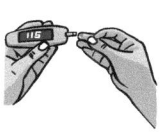

diabetes

şəkərli diabet

chirurg

cərrah

scalpel

neştər

operatie

əməliyyat

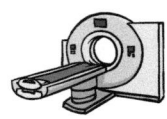

CT
CT

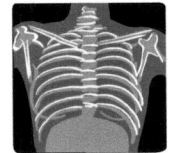

röntgenstraal
rentgen

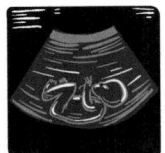

ultrageluid
ultrasəs

gezichtsmasker
maska

ziekte
xəstəlik

wachtkamer
gözləmə otağı

kruk
qoltuqağacı

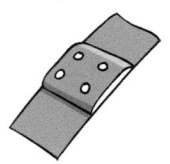

pleister
plaster

verband
sarğı

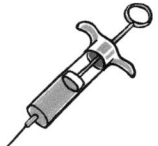

injectie
inyeksiya

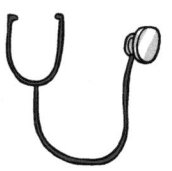

stethoscoop
steteskop

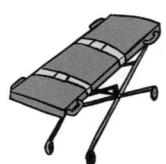

brancard
xərək

thermometer
hərarətölçən

geboorte
doğum

overgewicht
çəki artıqlığı

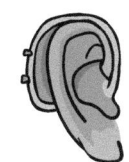

hoorapparaat

eşitmə aparatı

ontsmettingsmiddel

dezinfeksiyaedici

infectie

infeksiya

virus

virus

HIV / AIDS

QİÇS

medicijn

tibb

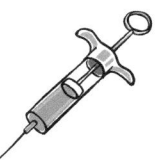

vaccinatie

peyvənd

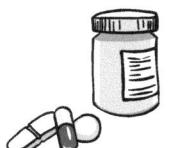

tabletten

həblər

pil

həb

noodoproep

təcili zəng

bloeddrukmeter

qan təzyiqini ölçmək üçün cihaz

ziek / gezond

xəstə / sağlam

Help!
Kömək edin!

alarm
həyəcan siqnalı

overval
basqın

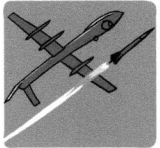

aanval
hücum

gevaar
təhlükə

nooduitgang
ehtiyat çıxışı

Brand!
Yanğın!

brandblusser
odsöndürən

ongeval
qəza

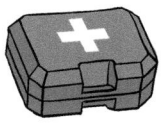

EHBO-kit
ilkin yardım qutus

SOS
SOS

politie
polis

Europa

Avropa

Noord-Amerika

Şimali Amerika

Zuid-Amerika

Cənubi Amerika

Afrika

Afrika

Azië

Asiya

Australië

Avstraliya

Atlantische Oceaan

Atlantik

Stille Oceaan

Sakit Okean

Indische Oceaan

Hind okeanı

Antarctische Oceaan

Antarktika Okeanı

Arctische Oceaan

Şimal Buzlu okeanı

Noordpool

Şimal qütbü

Zuidpool

Cənub qütbü

Antarctica

Antarktika

aarde

Yer kürəsi

land

ölkə

zee

dəniz

eiland

ada

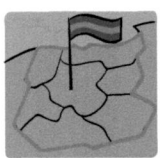

natie

millət

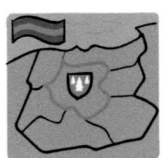

staat

dövlət

wijzerplaat

siferblat

uurwijzer

saat əqrəbi

minuutwijzer

dəqiqə əqrəbi

secondewijzer

saniyə əqrəbi

Hoe laat is het?

Saat neçədir?

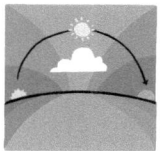

dag

gün

tijd

vaxt

nu

indi

digitale horloge

rəqəmsal saat

minuut

dəqiqə

uur

saat

week

həftə

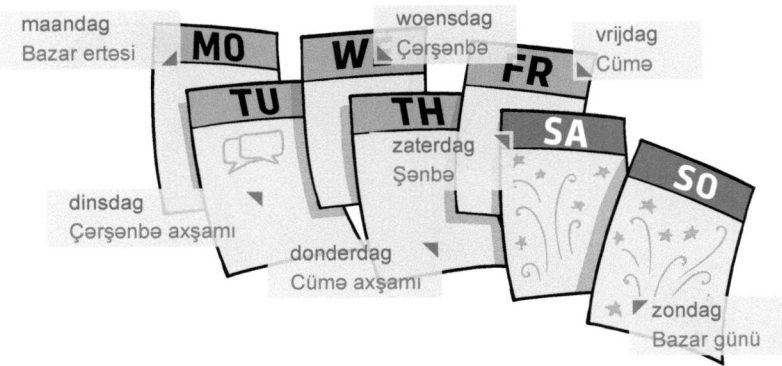

maandag
Bazar ertəsi

dinsdag
Çərşənbə axşamı

woensdag
Çərşənbə

zaterdag
Şənbə

donderdag
Cümə axşamı

vrijdag
Cümə

zondag
Bazar günü

gisteren

dünən

vandaag

bugün

morgen

sabah

ochtend

səhər

middag

günorta

avond

axşam

werkdagen

iş günü

weekend

həftə sonu

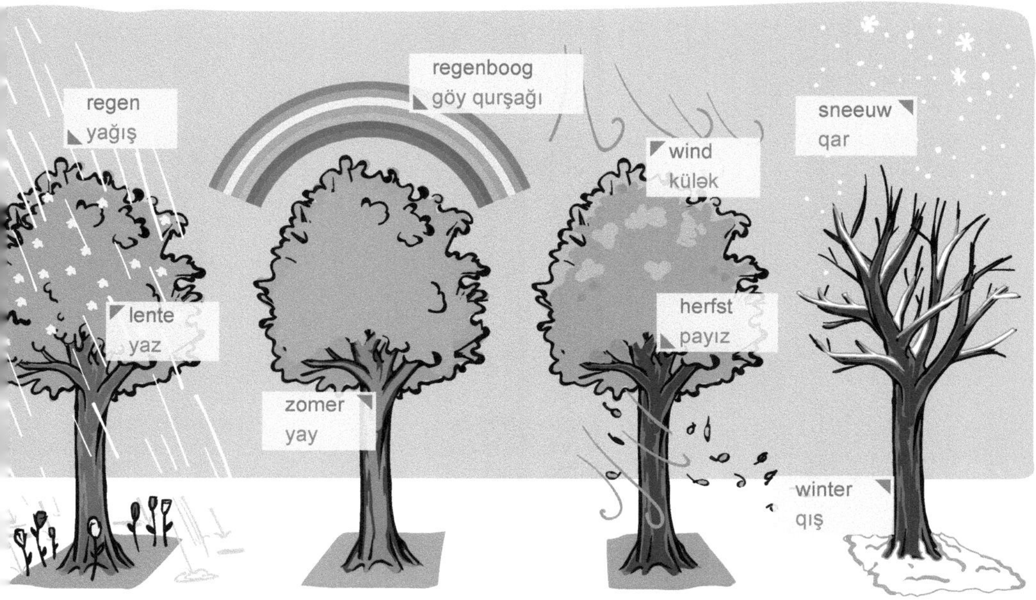

regen
yağış
regenboog
göy qurşağı
sneeuw
qar
wind
külək
lente
yaz
herfst
payız
zomer
yay
winter
qış

4.APRIL 11°
5.APRIL 4°
6.APRIL 13°
7.APRIL 8°
8.APRIL 10°

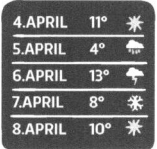

weervoorspelling

hava proqnozu

F C
120 90 60 30 0 -30
40 30 20 10 0 -10 -20

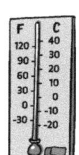

thermometer

termometr

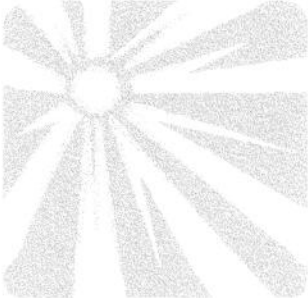

zonneschijn

günəş işığı

wolk

bulud

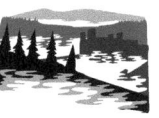

mist

duman

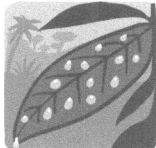

vochtigheid

rütubət

bliksem

ildırım

donder

göy gurultusu

storm

fırtına

hagel

dolu

moesson

musson

overstroming

daşqın

ijs

buz

januari

yanvar

februari

fevral

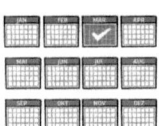

maart

mart

april

aprel

mei

may

juni

iyun

juli

iyul

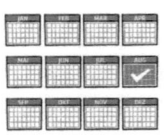

augustus

avqust

september
....
sentyabr

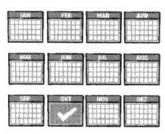

oktober
....
oktyabr

november
....
noyabr

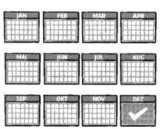

december
....
dekabr

cirkel
....
dairə

kwadraat
....
kvadrat

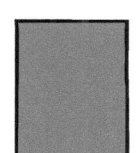

rechthoek
....
düzbucaqlı

driehoek
....
üçbucaq

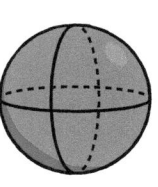

bol
....
kürə

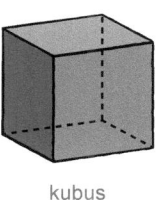

kubus
....
kub

wit

ağ

geel

sarı

oranje

narıncı

roze

çəhrayı

rood

qırmızı

paars

bənövşəyi

blauw

mavi

groen

yaşıl

bruin

palıdı

grijs

boz

zwart

qara

veel / weinig

çox / az

boos / kalm

qeyzli / sakit

mooi / lelijk

yaraşıqlı / eybəcər

begin / einde

başlanğıc / son

groot / klein

böyük / kiçik

licht / donker

işıqlı / qaranlıq

broer / zus

qardaş / bacı

proper / vuil

təmiz / kirli

volledig / onvolledig

tam / natamam

dag / nacht

gündüz / gecə

dood / levend

ölü / diri

breed / smal

geniş / dar

eetbaar / oneetbaar

yemeli / yeyilməyən

kwaadaardig / vriendelijk

hirsli / mehriban

opgewonden / verveeld

həyəcanlı / bezmiş

dik / dun

kök / arıq

eerst / laatst

ilk / son

vriend / vijand

dost / düşmən

vol / leeg

dolu / boş

hard / zacht

sərt / yumşaq

zwaar / licht

ağır / yüngül

honger / dorst

aclıq / susuzluq

ziek / gezond

xəstə / sağlam

illegaal / legaal

qanunsuz / qanuni

intelligent / dom

ağıllı / axmaq

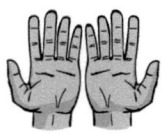

links / rechts

sol / sağ

dichtbij / veraf

yaxın / uzaq

nieuw / gebruikt

yeni / istifadə edilmiş

niets / iets

heç bir şey / bir şey

oud / jong

qoca / gənc

aan / uit

açma / bağlama

open / dicht

açıq / bağlı

stil / luid

sakit/ bərk

rijk / arm

varlı / kasıb

juist / fout

düzgün / səhv

ruw / glad

kobud / hamar

droevig / blij

kədərli / xoşbəxt

kort / lang

qısa / uzun

traag / snel

yavaş / sürətli

nat / droog

yaş / quru

warm / koud

isti / sərin

oorlog / vrede

müharibə / sülh

0

nul
sıfır

1

één
bir

2

twee
iki

3

drie
üç

4

vier
dörd

5

vijf
beş

6

zes
altı

7

zeven
yeddi

8

acht
səkkiz

9

negen
doqquz

10

tien
on

11

elf
on bir

12

twaalf

on iki

13

dertien

on üç

14

veertien

on dörd

15

vijftien

on beş

16

zestien

on altı

17

zeventien

on yeddi

18

achtien

on səkkiz

19

negentien

on doqquz

20

twintig

iyirmi

100

honderd

yüz

1.000

duizend

min

1.000.000

miljoen

milyon

cijfers - ədədlər

Engels
İngilis dili

Amerikaans Engels
İngilis dilinin amerikan
variantı

Chinees (Mandarijn)
Çin dilinin Mandarin dialekti

Hindi
Hind dili

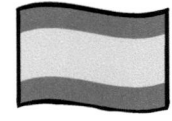

Spaans
İspan dili

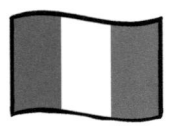

Frans
Fransız dili

Arabisch
Ərəb dili

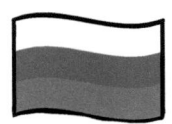

Russisch
Rus dili

Portugees
Portuqal dili

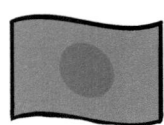

Bengali
Benqal dili

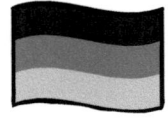

Duits
Alman dili

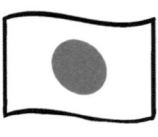

Japans
Yapon dili

ik
mən

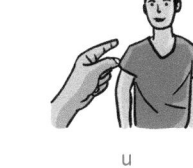

u
sən

hij / zij / het
o / o / o

wij
biz

u
siz

ze
onlar

wie?
kim?

wat?
nə?

hoe?
necə?

waar?
harada?

wanneer?
nə zaman?

naam
ad

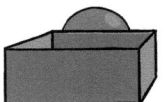

achter

arxadan

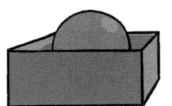

in

içində

voor

qarşısında

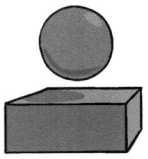

boven

üzərində

op

dair

onder

altında

naast

yanaşı

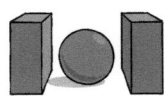

tussen

arasında

plaats

yer